Banquet

This copy is No. 120.

EGC
19-39.

LE PEINTRE ORDINAIRE

DE

GASPARD DEBURAU

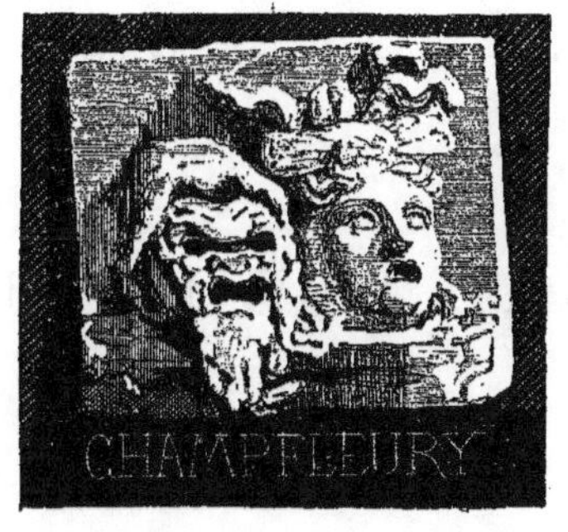

PARIS

IMPRIMERIE DE L'ART

41, RUE DE LA VICTOIRE, 41

—

1889

LE PEINTRE ORDINAIRE

DE

GASPARD DEBURAU

ÉDITION TIRÉE A 120 EXEMPLAIRES NUMÉROTÉS ET SIGNÉS

Exemplaire n° **120**.

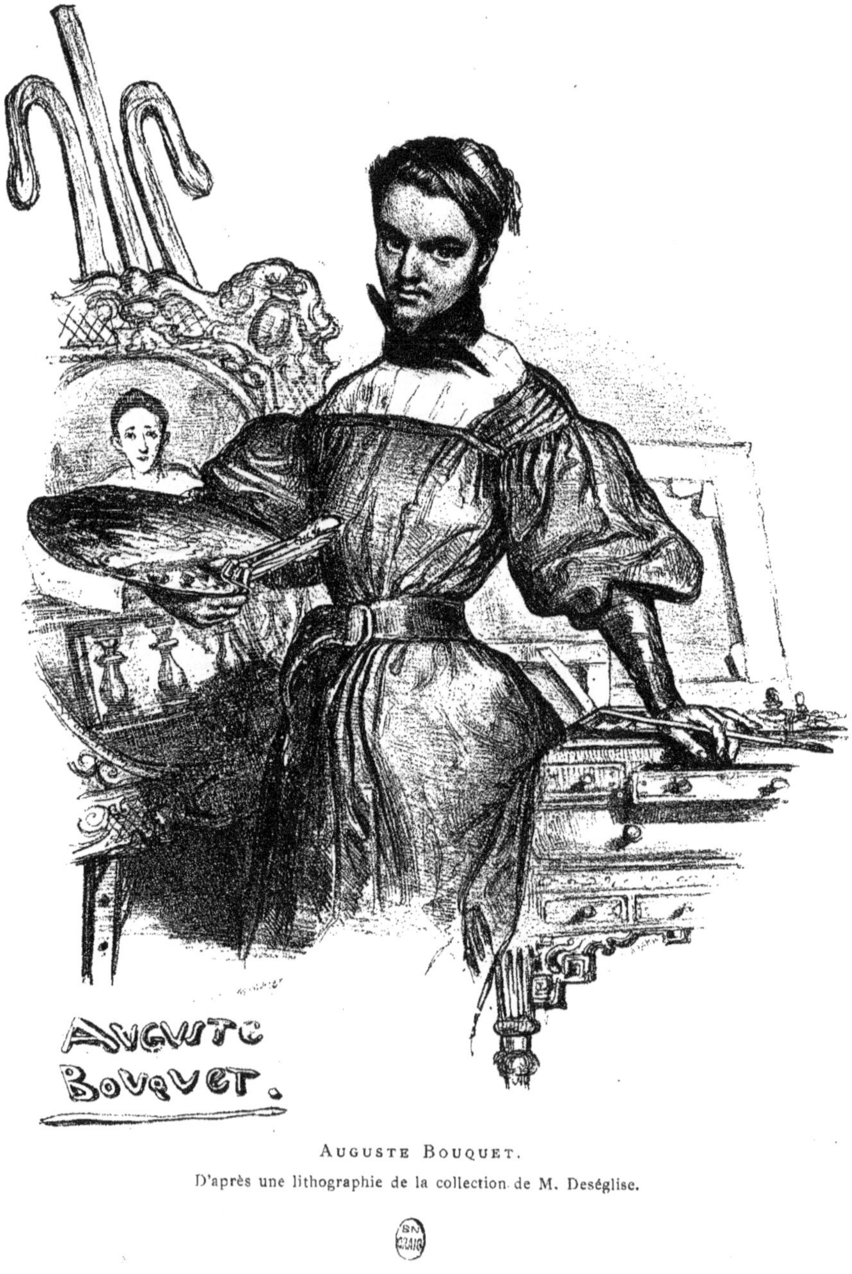

AUGUSTE BOUQUET.

D'après une lithographie de la collection de M. Deséglise.

LE PEINTRE ORDINAIRE

DE

GASPARD DEBURAU

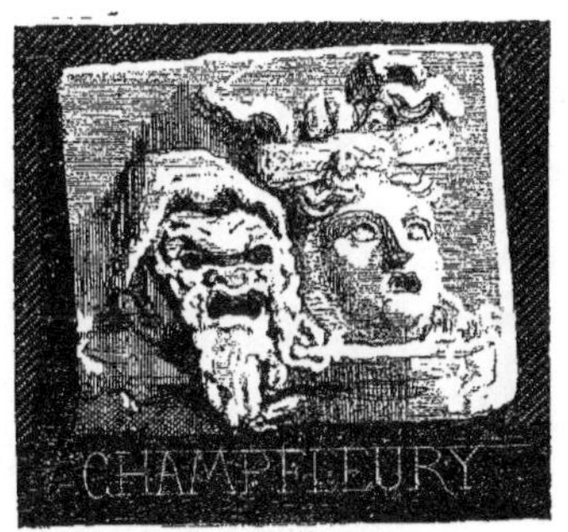

PARIS

IMPRIMERIE DE L'ART

41, RUE DE LA VICTOIRE, 41

1889

DES BIBLIOTHEQUES NATIONALE
COLLECTION
GORDON CRAIG

LE PEINTRE ORDINAIRE

DE

GASPARD DEBURAU

I

La célébrité est une personne très coquette qui exige de grandes attentions de ses poursuivants ; aussi ceux qui la négligent quelque peu sont-ils aussitôt remplacés par des rivaux empressés.

On peut être assuré que les hommes qui ne jouissent pas de la réputation qu'ils méritaient de leur vivant furent des êtres insouciants, travaillant pour leur plaisir, ou d'une bohême excessive qu'explique leur peu de productions ; certains sont morts jeunes, avant d'avoir donné tout ce que contenait leur cerveau ; quelques-uns encore n'avaient qu'une note dans l'esprit, note parfois fine et délicate, mais que le public put à peine entendre dans le concert bruyant donné par un ensemble de nombreux concurrents.

Peut-être un des divers motifs qui précèdent serait-il applicable à un peintre sur lequel j'ai recueilli plus de renseignements en regardant son œuvre que dans les ouvrages biographiques, car ils sont muets à son égard les dictionnaires consacrés à l'enregistrement des œuvres d'artistes, même de quatrième ordre. Heureusement, le peintre, dont j'ai à m'occuper ici, eut des relations avec des romanciers, des auteurs dramatiques, des républicains pendant la période romantique, et leurs noms ont sauvé jusqu'à un certain point la mémoire d'Auguste Bouquet.

Il vécut en communauté avec eux, concourut à l'illustration de leurs œuvres, fut mêlé au violent mouvement démocratique de 1830 à 1834, et, quoique son œuvre ne soit pas considérable, il est facile d'y lire les tendances artistiques et politiques de certains groupes.

Le premier compagnon que rencontra Bouquet, vers 1831, fut Jules Janin, c'est-à-dire à l'époque où le jeune écrivain allait entreprendre la publication de son livre sur Deburau, un petit ouvrage appartenant, malgré son apparence frivole, au mouvement tout à la fois de rénovation et d'insurrection, si ces mots ambitieux pouvaient être applicables à une œuvre humoristique.

Par rénovation, j'entends le courant romantique qui permettait à chacun de se livrer à sa propre fantaisie, de choisir des sujets que personne n'avait osé aborder jusqu'alors, et de placer sur un piédestal d'humbles personnages qui de savetiers devenaient rois tout à coup. Dans les tentatives insurrectionnelles qui s'appliquaient à nier et à détruire les œuvres des derniers partisans du classique, il faut citer le petit livre de Jules Janin, dont le sous-titre marque bien la tendance de taquinerie agressive : *Histoire du Théâtre à quatre sous, pour faire suite à l'histoire du Théâtre français*. On voit la portée de la flèche : accoler le théâtre des Funambules à la Comédie-Française, les tréteaux aux planches classiques, Deburau à Talma, donner une importance exceptionnelle à un bouge du boulevard du Temple, opposer le mime enfariné aux héros pompeux des tragédies, gratifier l'acrobate d'un génie supérieur à celui des professeurs les plus autorisés du Conservatoire, telle fut la pensée ironique qui guida la plume de Jules Janin et l'empêcha plus tard, dans une circonstance solennelle, de reconnaître la meilleure de ses œuvres [1].

On sait l'excellent résultat qui advint de la collaboration de l'auteur, des artistes et de l'imprimeur. Ce fut un grand bonheur pour Auguste Bouquet d'être choisi comme un des illustrateurs qui devaient concourir à l'ornementation du livre. Le jeune peintre fut associé à Tony Johannot dans ce travail qui devait rehausser le texte. C'était une marque toute spéciale de sympathie que d'avoir fourni l'occasion à Auguste Bouquet de devenir le collaborateur d'un aimable artiste, déjà passé maître dans l'art des vignettes.

Auguste Bouquet eut en partage les frontispices des deux volumes, lesquels représentent le portrait à mi-corps de Deburau dans deux de ses principaux rôles. Ces vignettes, habilement gravées sur bois, sont bien conformes à l'attitude et à la physionomie du mime célèbre que la génération actuelle n'a pas connu. Il était fort délicat de rendre en quelques traits une extrême finesse de physionomie cachée sous le plâtre. Bouquet s'en tira avec esprit; il avait étudié d'ailleurs le comédien sous plusieurs de ses faces et il était certainement un des spectateurs assidus des représentations du mime, car il l'a peint dans deux tableaux dont malheureusement les traces sont perdues.

Qui voudra se faire une idée de ces peintures en trouvera une reproduction dans des lithographies de la *Revue des peintres* et de *l'Artiste*. Le sous-titre de ces planches

1. Dans les discours du récipiendaire de Jules Janin à l'Académie française, le nom de *Deburau* et le titre *Histoire du Théâtre à quatre sous* furent soigneusement passés sous silence.

indique que les tableaux de Pierrot appartenaient l'un à Étienne Arago, l'autre à Jules Janin ; ces écrivains, fort répandus dans le monde du théâtre, faisaient un réel honneur à Auguste Bouquet en accrochant ses peintures aux murs de leur cabinet. Le jeune artiste se trouvait tout à coup ainsi en compagnie d'Eugène Delacroix, de Barye, de Paul Huet, de Roqueplan, de Préault, de Cabat, des Devéria et de toute la bande d'insurgés dont les jurys de peinture repoussaient systématiquement les œuvres. Auguste Bouquet prit donc racine dans ce cénacle composé de peintres et de sculpteurs dont la plupart devait arriver à la plus haute réputation.

Il faut dire un mot du Paris d'il y a cinquante ans. C'était un petit Paris dont les zones artistiques et littéraires étaient limitées et fort rapprochées les unes des autres ; autour de ces zones se pressait un public d'accord avec les insurgés, qui faisait pour ainsi dire corps avec eux, et dont l'opinion se répandait non seulement en France mais en Europe, public très attentif et qui rendait ses arrêts dans quelques salons. Ce mouvement ne ressemblait en rien au tohu-bohu actuel qui fait de Paris un endroit tout à fait cosmopolite, au centre duquel il faut crier fort si on veut être entendu.

Les deux petits volumes de Jules Janin, qui courraient grand risque aujourd'hui de n'être lus que par quelques délicats, faisaient alors leur trouée dans le monde insurrectionnel dont je parlais plus haut, complices qui applaudissaient aux coups portés à la vieille comédie et à ses interprètes académiques.

L'art, à cette époque, était étudié de près par des esprits très militants, parmi lesquels il faut citer particulièrement Victor Schœlcher, Félix Pyat et Théophile Thoré : ces trois critiques, rédacteurs de *l'Artiste* et de la *Revue de*

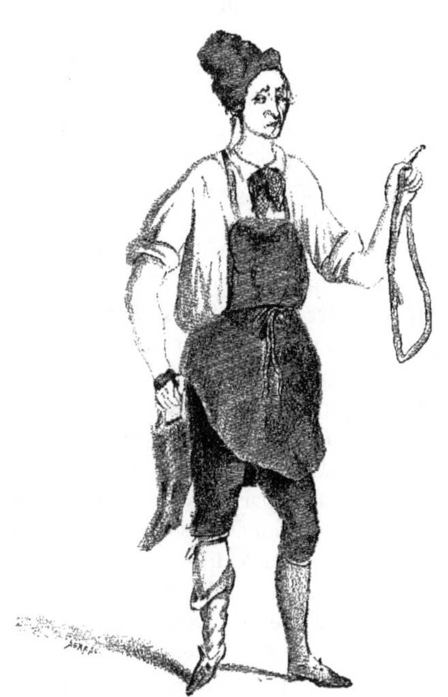

Gaspard Deburau
dans la pantomime de *Pierrot savetier*.
Dessin de M. Patrice Dillon,
d'après Vautier.

Paris, s'occupaient exclusivement de questions d'art; s'ils n'avaient pas encore donné de gages aux conspirateurs politiques, il est permis d'affirmer que leurs sentiments latents étaient ceux de révolutionnaires ardents et que leurs paroles devaient être empreintes d'un feu de révolte.

Parallèlement au journal *l'Artiste*, qui était comme la citadelle des jeunes maîtres très en avant, il faut citer le journal *la Caricature*, où s'étaient groupés, sous la direction de Philipon, des écrivains fort hostiles au gouvernement constitutionnel; mais ceux des combattants, dont les coups hardis portaient profondément, étaient certainement les peintres et les dessinateurs enrôlés sous la bannière de l'enragé directeur satirique. Auguste Bouquet fut de ceux-là. On peut presque avancer qu'il fut présenté à Philipon par Decamps, qui avait contracté vis-à-vis de lui certaines obligations dont on trouvera trace plus bas.

Auguste Bouquet avait débuté dans la vie par quelques portraits lithographiés et par un certain nombre de caricatures ; des portraits de camarades dont la réputation n'a pas abouti, il y aurait peu à dire, à l'exception toutefois d'une feuille qui porte réunis les trois bustes de Cavaignac, de Guinard et de Trélat. Ces portraits sont très fins, très étudiés, et la lithographie en est habile ; on suit le fil conducteur qui, de l'art en rébellion, se rattache aux chefs des groupes insurrectionnels qui devaient passer sur le banc des accusés à la cour des pairs. Partout, dans l'œuvre de Bouquet, cette liaison avec des hommes avancés du parti démocratique apparaît visible ; on mit donc dans les mains de Bouquet l'escopette de la caricature, qui a besoin d'être tenue par des êtres résolus. La cible indiquée était les Tuileries, et tout coup envoyé à l'hôte qui y résidait devait faire balle.

Quoique Bouquet me soit sympathique en tant que

peintre ordinaire de Deburau, je ne saurais le reconnaître comme un des artistes qui se fit remarquer au premier rang dans cette petite guerre brûlante ; elle était, il est vrai, représentée dans la même revue par des artistes de mérite, à la tête desquels se montrent Daumier robuste et Grandville aigu. Toutes les formes de la satire vengeresse semblant prises chez Philipon, Auguste Bouquet ne put guère y jouer qu'un rôle d'escarmouche ; son crayon, quoique en un certain nombre de pièces non politiques il se montre grave et harmonieux, semble indécis lorsqu'il s'agit de caricature. Peut-être les sujets étaient-ils mal choisis ; ils sont traités, en tout cas, avec irrésolution, c'est-à-dire avec des parties graphiques qui parfois rappellent la main d'un peintre, et aboutissent trop souvent à des pauvretés d'exécution que ne supporte pas l'art satirique.

Je ne trouve, dans cette série de pièces, à citer que deux compositions imitées d'Eugène Delacroix et Paul Delaroche. Du *Christ au Mont des Oliviers* du premier, et de la *Jane Grey sur l'échafaud* du second, Auguste Bouquet tira deux parodies, non pour attaquer les auteurs de ces toiles, mais contre Louis-Philippe : ce sont des allégories contre la royauté qui eussent eu besoin d'être recouvertes par une plastique plus colorée.

Chose singulière, cette plastique se retrouve puissante et robuste lorsque le jeune artiste traduit les œuvres de maîtres tels que Decamps et Préault. Les diverses lithographies de Bouquet d'après Decamps rendent ses œuvres aussi bien que ce maître inquiet pouvait l'exiger. Les colorations que cherchait Decamps avec tant de soucis, la silhouette de ses personnages qu'également il poursuivait si laborieusement, Bouquet les a traduites dans tout leur effet, et si ces toiles de Decamps ont aujourd'hui à peu près disparu par l'abus de certains moyens de peinture, les lithographies de Bouquet nous rendent ces œuvres dans leur saveur primitive.

Avec Decamps, le sculpteur Préault fut l'artiste que Bouquet interpréta avec le plus de véritable fougue. Dans la pièce qui a pour titre : *Paria*, il semble que le lithographe a dépensé toute sa conviction, toute son énergie, pour protester contre le jury qui avait refusé l'œuvre du statuaire au Salon de 1834; c'est que Préault, avec ses hardiesses de sculpteur, sa liberté d'esprit très aiguisé, la vitalité de sa personne remuante, était une figure très sympathique à la jeunesse. Ce diable d'homme était encore, en 1852, excitant et capiteux; quelle fougue devait-il montrer en 1834, dans sa jeunesse, alors que la jeunesse fondait sur lui les plus grandes espérances d'avenir? La lithographie est signée : *A son ami Préault, Auguste Bouquet;* dans cette reproduction, le peintre se montra à la hauteur du sculpteur tourmenté; de la même œuvre, Célestin Nanteuil avait fait une lithographie, auprès de laquelle se tient ferme celle d'Auguste Bouquet, et ce n'était pas alors un mince mérite que de pouvoir lutter sans défaillir avec Nanteuil, le plus habile, sans contredit, des interprètes romantiques.

Bouquet donna encore une lithographie d'après une terre cuite de Préault, ayant pour titre ; *Misère;* au premier aspect, ce groupe semble être le même que le précédent. Préault, avec ses formes pantelantes modelées par un pouce ultra-romantique, n'avait été doué que d'une imagination restreinte. Le domaine de la statuaire semblait ne lui pas offrir un champ aussi développé que celui de l'ironie; plutôt sculpteur de mots que de figures, cet homme d'esprit, dévoyé dans l'art plastique, fournissait à ses interprètes des formes plus convulsées qu'ébauchées.

Auguste Bouquet se tira toutefois de la reproduction de *Misère* avec un crayon bien d'accord avec l'ébauchoir de son ami. Qui voudra se rendre compte des œuvres aujourd'hui quasi sombrées de Préault devra consulter ces deux lithographies. Bouquet les signa

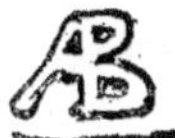

du monogramme habituel qu'on retrouve au bas de la plupart de ses caricatures politiques, et il dessina, pour l'ornement de ces pièces, des caractères d'une calligraphie romantique, dont il est nécessaire de donner un spécimen.

A SON AMI PRÉAULT,
AUG^TE BOUQUET

J'ai montré les artistes éminents auxquels Bouquet prêta le concours de ses crayons. On le retrouve encore mettant son crayon au service de Félix Pyat pour l'illustration d'une Nouvelle anecdotique sur Murillo[1] ; il reproduisit, en outre, dans *le Charivari*, une scène du drame *le Brigand et le Philosophe,* joué au théâtre de la Porte-Saint-Martin ; c'est une preuve de plus de la liaison de Bouquet avec les esprits en avant de 1830 à 1834.

1. Lithographie publiée dans *l'Artiste.*

II

En étudiant l'œuvre d'Auguste Bouquet, j'étais porté naturellement à vouloir connaître l'homme, connaissance assez difficile, aucun biographe ne s'étant préoccupé jusqu'ici de son nom et de son talent; mais le néant qui enveloppe la mémoire d'un artiste a parfois quelque chose d'attirant. Pris de pitié pour ces oubliés, un esprit sensible n'est-il pas porté à s'exagérer leur valeur, alors que certains de leurs contemporains, qui ne les valent pas, portent des plumets voyants et font panache de réputations délabrées ?

Peut-être même est-il curieux d'indiquer les dessous de mon travail, comment, avec une correspondance persistante et l'aide de personnes bienveillantes, je pus reconstituer les parties les plus saillantes de la vie du peintre de Deburau.

Tout d'abord, je songeai à consulter les hommes marquants auxquels Bouquet avait prêté son concours; mais Jules Janin, Decamps, Préault, étaient morts ; morts également Philipon, le fondateur de *la Caricature*, et Ricourt, le directeur de *l'Artiste*. Vraisemblablement, Bouquet les avait précédés ou suivis de près dans la tombe, à s'en rapporter à l'arrêt subit de ses productions vers 1840.

En ceci, je me trompais de quelques années, comme on le verra par la suite, car il ne mourut qu'en 1846.

Un des rares contemporains d'Auguste Bouquet survivait, M. Étienne Arago, qui, jadis, lui avait acheté le tableau *le Repas de Pierrot*[1] ; malheureusement, l'octogénaire ne se rappelait que de ceci : Decamps et Isabey s'intéressaient vivement à Bouquet ; et il ajoutait : « C'est

1. Lithographié par A. Bouquet dans la *Revue des peintres.*

dans l'atelier d'Isabey, où Lessore avait apporté le *Deburau* de Bouquet, que j'en fis l'acquisition[1]. » L'ancien directeur du Vaudeville ne pouvait me dire ce qu'était devenu ce tableau, dont il avait été obligé de se défaire lors d'une passe difficile de sa vie accidentée.

En dressant alors, d'après mes propres collections et celles du Cabinet des Estampes de la Bibliothèque nationale, une sorte de Catalogue de l'Œuvre d'Auguste Bouquet, je me dis que ces nomenclatures, quelque incomplètes qu'elles soient, n'en font pas moins jaillir de petites sources.

Dans ces travaux rétrospectifs, la véritable méthode, la plus profitable, est de chercher à quelles portes il faut frapper et quelles portes sympathiques peuvent s'ouvrir. Pourquoi ne pas interroger Félix Pyat, l'un des derniers contemporains de Bouquet, à qui celui-ci, à deux reprises, prêta le concours de son crayon? Mais, quoi, déranger l'agitateur populaire, l'ardent révolutionnaire à propos d'un pauvre garçon qui n'a laissé ni nom, ni œuvre, n'est-ce pas interroger le volcan et lui demander ce que sont devenues les sandales de Pline?

Des amis communs ayant bien voulu s'entremettre pour m'obtenir une entrevue avec l'auteur du *Diogène*, quoiqu'il vécût dans une retraite où pénétraient peu de visiteurs, j'eus soin d'emporter certaines lithographies de Bouquet, espérant réveiller par là les souvenirs d'un temps déjà éloigné.

Cinquante ans! Un demi-siècle! 1886 demandant à 1832 de se souvenir de menus détails d'art!

C'est que certains noms, entrevus par le public avec l'agitation propre à la jeunesse militante, n'appartiennent

1. Lettre d'Étienne Arago du 27 juin 1886.

pas moins à des septuagénaires et que, trop souvent, le cerveau de la plupart des hommes de cet âge s'est effondré sous les coups redoublés des événements.

A peine avais-je déroulé la lithographie des *Parias*, d'après Préault :

— Ah ! Bouquet ! s'écria Félix Pyat. Un brave garçon... Un *populo !* Oui, je l'ai bien connu... C'était un cœur loyal !

Et les yeux noirs du révolutionnaire brillaient comme à vingt ans. J'avais, en montrant ces images, fait vibrer en lui une fibre de jeunesse.

— Attendez, me dit-il.

Et il se rappelait maintenant l'atelier de Bouquet, atelier aux environs de Saint-Germain-des-Prés, dans lequel Félix Pyat avait posé pour son portrait en pied, de grandeur naturelle.

Oui, le pauvre Bouquet, de nature fine et délicate, avait dû mourir jeune, au fond de quelque hôpital, laissant d'excellentes toiles que le public n'avait pu apprécier.

— Le Deburau de Jules Janin, une œuvre à la Velazquez ! s'écriait Félix Pyat.

Il avait longtemps gardé, comme souvenir de Bouquet, une de ses copies d'après un maître vénitien du Louvre. Hélas ! la copie, comme le portrait du révolutionnaire, avait disparu dans les tempêtes d'une vie politique agitée !

On a vraiment plaisir à réveiller les souvenirs de ces esprits ardents qui, de même que les vestales, ne laissent pas éteindre le flambeau intérieur.

Au fond d'un petit jardin, sous une tonnelle, ce fut une de ces bonnes après-midi intellectuelles, dans laquelle furent agités plus d'un nom d'homme et bien des choses romantiques d'un demi-siècle.

Nous nous entendions sur certains points, particulièrement sur le suivant :

Hugo avait dit : *l'Art pour l'Art*. Pyat disait : *l'Art pour l'homme*. Formule plus humaine [1].

— Pourquoi n'écrivez-vous pas vos souvenirs sur l'époque romantique ? dis-je à celui qui m'avait ouvert si cordialement la porte de sa retraite.

Hélas ! la politique l'absorbait avec ses exigences !

Le lendemain, Félix Pyat voulut bien me faire savoir que le père d'Auguste Bouquet était serrurier et que l'artiste avait été très intimement lié avec le peintre Lessore.

Le fil de mon étude était enfin trouvé et ne devait plus se casser, malgré sa longueur; il partait de Paris et aboutissait à Florence..

III

Le fils de Lessore, que j'avais entrevu quelque peu, n'avait pas tout à fait abandonné la carrière artistique (on lui doit la gravure d'une suite de portraits d'écrivains modernes pour la librairie Rouquette). Avec beaucoup d'obligeance, il se mit à ma disposition, se rappelant avoir vu dans son extrême jeunesse, vers 1835, l'artiste pour lequel je quêtais des renseignements.

« Bouquet, m'écrivait-il, était tellement pauvre à cette époque qu'il se servait d'une robe de moine pour se vêtir, ce qui l'empêchait de sortir du jardin de l'avenue de l'Élysée des Beaux-Arts, occupé par lui, mon père, François Sabatier et le fils du général Martin, employé au ministère de la guerre. »

1. Voir le chapitre : *l'Art populaire,* dans les CAHIERS DU PEUPLE, par le citoyen Félix Pyat. In-18. Paris, 1885.

M. Lessore parle de Bouquet comme d'un très joli garçon à cette époque, et, en effet, à s'en rapporter au portrait lithographié quelque peu troublant qu'il a laissé d'après lui, la première impression serait plutôt d'une jeune fille que d'un garçon.

Achille Devéria nous a habitués à bien des représentations singulières avec ses images de poètes et de peintres de 1830, mais Auguste Bouquet le dépasse dans le costume et l'attitude de l'être androgyne, le meilleur et le plus intime de ses amis.

Sur un jeune et souple corps s'ajuste une blouse, décolletée en carré à la naissance de la poitrine, blouse ornée de « fronces » et de manches « pagode » fort à la mode parmi les élégantes du temps. Les yeux sont d'un gamin parisien, quoique doux ; la figure presque imberbe, sauf une légère barbiche à peine indiquée, et, sans la haute et étoffée cravate en satin noir qui coupe étrangement cette poitrine et ce cou nus, on croirait avoir affaire à un jeune éphèbe avec la pointe anglaise et sentimentale de l'époque.

Sur le chevalet se présente, dans un riche cadre à la mode de 1830, le portrait de Deburau, le fameux portrait à la balustrade que Bouquet accolait à sa propre personnalité, comme s'il eût pressenti qu'un jour sa réputation dépendrait de ses relations avec Deburau.

Oui vraiment le mime devait sauver la mémoire du peintre, car quoique la blanche silhouette du comédien dût s'effacer comme un rêve, celui qui en avait reproduit la pâleur ne pouvait guère soutenir de son rien de réputation un masque qui a fait défaut aux temps antiques.

Singulière fortune des œuvres de Bouquet, que la fatalité empêchait de montrer son œuvre. Disparu le grand portrait de Félix Pyat! Sombré *le Repas de Pierrot*

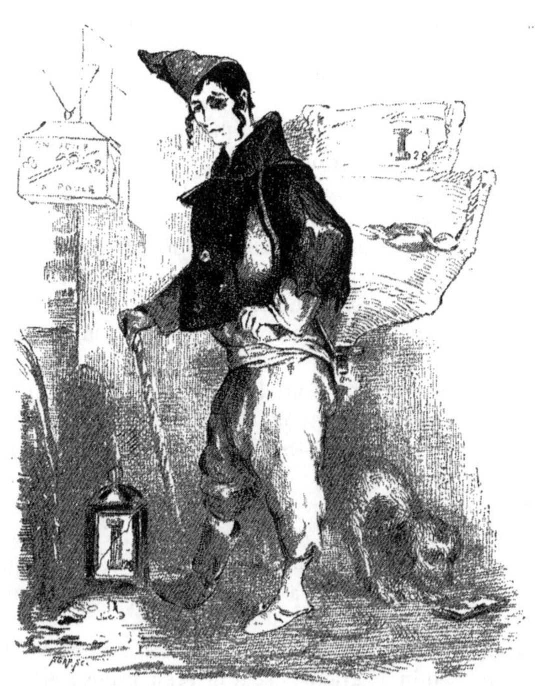

GASPARD DEBURAU

dans *le Billet de mille francs*. — Dessin de M. Patrice Dillon, d'après Bouquet.

d'Étienne Arago! Perdu le Deburau à la balustrade de Jules Janin!

Le critique des *Débats* eût pu dire les migrations de ce portrait; mais l'auteur de *l'Ane mort* contenait en lui deux Janin : l'un enfant gâté par la fortune, vivant sans souci avec la grande bohême d'écrivains, de peintres et de belles femmes du monde de la ville et du théâtre; l'autre avec des idées de gloriole d'homme repu et satisfait qui veut que l'avenir contemple religieusement son nombril. Il arriva toutefois un moment où l'ami de Mlle Georges et de la marquise de La Carte [1], fit une sorte de « lavage » de son mobilier et de tous les souvenirs garnissant les murs de son appartement de la rue de Tournon ; il s'était réveillé un matin avec la constatation que, prenant du ventre, il fallait prendre femme.

Ce fut ainsi que disparut, donné, vendu ou échangé, le beau portrait de Deburau que, cinquante après, Félix Pyat admirait encore; mais l'écrivain aux idées ardentes, lui, n'avait pas pris de ventre.

Jules Janin s'était donc marié, et il eût été parfaitement heureux dans la société de son perroquet, s'il eût pu se débarrasser de son effroyable petit livre de jeunesse qu'il prévoyait devenir une profanation aux yeux de M. Camille Doucet.

Ainsi Bouquet, partageant le sort de son œuvre, fut oublié par Janin, le grand faiseur de réputations d'artistes.

Bouquet n'avait pour le protéger que Ricourt, qui continuait à tenir ouvertes à tout venant les portes de *l'Artiste;* mais ce n'était pas un gong d'or qui résonnait aux oreilles de ceux qui travaillaient pour le maître. De même qu'Eugène Delacroix, Gigoux, Paul Huet, les

1. Sur les relations de Jules Janin et de la marquise de La Carte, voir *Causeries sur les artistes de mon temps*, par Jean Gigoux.

Devéria, Jules Dupré, etc., Auguste Bouquet, malgré les services qu'il rendait, fut payé plus en gloriole qu'en louis.

J'ai feuilleté de près l'intéressante collection de *l'Artiste,* de sa fondation à 1840, époque où le flambeau artistique et intellectuel, qu'on avait trop allumé par les deux bouts, s'éteignit à peu près pour faire place à la lueur par trop modérée d'une veilleuse bourgeoise.

Dans ce recueil, si utile pour les historiens de l'art romantique, il est fait mention d'une enseigne peinte, en 1833, par Bouquet d'après Gavarni. Étienne Arago, alors directeur du Vaudeville, avait eu cette idée : « Un vaste magasin de costumes et de travestissements de toutes les époques, utiles aux artistes et aux amateurs de bals masqués », devait être exploité par un costumier de ce théâtre.

« Ce magasin sera ouvert rue des Colonnes ; un tableau, peint par M. Bouquet d'après une des plus gracieuses lithographies de *l'Artiste,* l'annoncera à tous les regards. »

Cette annonce était suivie d'une vignette très finement dessinée d'après une de ces scènes de bals de l'Opéra qu'enfantait avec tant d'élégance le crayon de Gavarni, avant que son talent ne fût amoindri par la commande.

En 1836, *l'Artiste* annonce qu'il publie, d'après Decamps, *le Caravansérail,* gravé avec talent par Bouquet..... « Tout cela est bien groupé, plein de couleur et parfaitement rendu par la gravure. M. Bouquet a réussi comme tous ceux qui font d'après Decamps, comme Tavernier, Lucas et Prévost. »

Enfin, en 1837, *l'Artiste* publie une composition de Bouquet, sans doute une peinture, qui eut les honneurs d'être lithographiée par un tiers :

« Le dessin sur la mort de Ganganelli a été composé d'après les *Lettres de Clément XIV,* publiées par M. Delatouche. L'artiste, M. Bouquet, auquel nous devons de nombreuses compositions, a choisi le moment où le membre de la Société fameuse, que ce pape avait voulu anéantir, se présente pour le confesser à ses derniers moments, et le menace de l'impénitence finale s'il refuse son ministère. »

Telles sont, je crois, les seules mentions que *l'Artiste* consacra à Bouquet. Il avait contribué par ses lithographies, ses gravures, à la popularité des maîtres aussi bien qu'à la fortune de la Revue ; mais Bouquet n'était guère qu'une figure de troisième plan dans cette mêlée où combattaient tant d'artistes aux voyantes couleurs ; aussi quand, malade, l'artiste quitta Paris, ce fut sans laisser de traces. Ce qui explique le silence des biographes à son endroit.

IV

Bouquet quitta un jour Paris, ayant une santé chétive, mais emmenant avec lui son avenir, sa vie, une toute jeune enfant. Il se rendait à Florence, appelé par un ancien camarade d'atelier, un compagnon des anciens jours de Montmartre, François Sabatier, qui, à la tête d'une grande fortune, lui ouvrait en frère les portes toutes grandes d'un palais qu'il venait de faire construire à Florence.

Florence ! la ville des plus grands maîtres italiens ! Quel rêve pour un peintre !

Tout le palais devait être décoré de peintures par un groupe de camarades et d'amis reliés par la même foi, non pas seulement la foi en l'art, mais la foi en une doctrine sociale, le fouriérisme, qui devait changer la face du monde.

Les artistes, ces grands enfants, dont l'imagination se laisse prendre facilement à l'utopie, croient volontiers à ces quadratures du cercle.

Dans ce coin de Florence, Bouquet se trouvait en plein courant palingénésique, avec Chenavard. Là il rencontrait le peintre du *Rêve du bonheur,* Dominique Papety lui-même, que l'École phalanstérienne tenait pour un grand maître, car il avait fait entrevoir ce que l'ère pacifique devait apporter de félicités aux humains. Poétiques intentions sans doute, mais insuffisamment picturales.

J'ai sous les yeux un profil d'Auguste Bouquet à cette époque. Le séjour en Italie, la contemplation des maîtres, la maladie qui le minait, l'ont rendu austère, presque ascète.

Dans ce petit phalanstère florentin, où réellement tous les biens étaient en commun, les trois amis peintres dessinaient à tour de rôle leurs propres images en y apportant la conviction des moines du mont Athos; le portrait de Bouquet, dû à M. François Sabatier, témoigne du recueillement particulier de ces artistes de la butte Montmartre, qui, échappant actuellement aux difficultés et aux agitations de la vie parisienne, respiraient cet air florentin qui avait rempli et vivifié la poitrine des anciens maîtres.

Je ne peux résister à donner ici une lettre que m'écrivit, à propos de Bouquet, M. François Sabatier, lettre touchante dans sa simplicité et d'où s'exhale comme un parfum l'amitié constante qui rendait égaux par l'art le protecteur et le protégé :

D'abord, et avant tout, permettez-moi, Monsieur, de vous remercier, au nom de la fille de mon ami Bouquet et au mien, de la bonne pensée que vous avez eue de vouloir retirer *d'un injuste oubli* le nom d'un artiste de mérite qui fut un homme de cœur, d'infiniment d'esprit, très ingénieux et fin, chercheur infatigable, que les circonstances n'aidèrent pas, et qui succomba à la peine après avoir longuement et péniblement lutté, au moment peut-être où il pouvait espérer d'arriver.

Bouquet mourut de la poitrine, en effet, à l'âge de trente-sept ans, au mois de décembre 1846, mais non pas précisement chez moi comme vous semblez le croire, quoique dans mes bras. Ce fut aux bains de Lucques où il était allé passer les mois chauds, pendant qu'avec notre ami commun Dominique Papety, nous étions en Grèce. Son état s'étant aggravé, il ne put revenir à Florence. C'est là qu'il repose sur une montagne isolée.

La maladie de poitrine de Bouquet s'était développée par suite des souffrances, des privations et des misères d'un travail continu et forcé. Pour obéir à son père, entrepreneur aisé de serrurerie qui a construit la galerie vitrée du Palais-Royal, il étudiait la gravure à l'École des Beaux-Arts; pour suivre son instinct, il travaillait la peinture à l'atelier Hersent avec Poterlet, Chenavard et tant d'autres. Tout d'un coup il perdit son père, et ce fils de famille, qui jusque-là n'avait eu à s'inquiéter de rien, se trouva du jour au lendemain avoir à nourrir sa mère, ses deux sœurs et à subvenir à ses propres besoins. Il fallut renoncer à la grande peinture et travailler pour vivre. Copies et brillantes esquisses au Louvre dont plusieurs furent achetées par Ary Scheffer (qui plus tard le prit pour aide dans son atelier l'année où il faisait la *Françoise de Rimini*), portraits à l'huile, en miniature et au crayon; gravures au burin à la pointe sèche et à l'eau-forte; lithographies, illustrations volantes, caricatures enfin, il fit flèche de tout bois, mit tout en usage pour soutenir les siens et en vint à bout. Mais le labeur fut rude. C'est lui qui fit pour Philipon les trois fameux dessins de la *Poire*, dont le procès fit alors tant de bruit, et il resta attaché à *la Caricature* tant qu'elle vécut. Quand il renonça à la position que lui avait offerte M. Scheffer, il voulait se remettre à la gravure.

Ce fut alors que je fis sa connaissance par l'intermédiaire de son ancien camarade d'atelier, Émile Lessore. Nous prîmes une maisonnette et un atelier en commun à l'allée de l'Élysée des Beaux-Arts, au pied de Montmartre, près la barrière Pigalle. L'illustre penseur Chenavard était l'un de nos commensaux habituels. Bouquet devait graver son beau dessin du *Dépouillement des votes pour le jugement de Louis XVI*, aujourd'hui, si je ne me trompe, au Musée de Lyon.

Bouquet s'étant empoisonné fortuitement à cette époque en faisant mordre une planche de cuivre, notre docteur déclara qu'il était perdu s'il ne renonçait à ce métier. Quelques amis et moi avions résolu de faire un voyage d'étude en Italie. Nous le décidâmes à venir nous rejoindre. De 1838 à la fin de 1840, il parcourut avec nous Venise, Florence, Rome et Naples, faisant partout de très belles études. Après un court séjour à Paris, il me rejoignit à Florence, en

1841. Il devait peindre plusieurs salles d'un palais que ma femme possédait à Florence, et il s'y installa dans un atelier fait pour lui. Les projets furent arrêtés entre nous. Lefuel nous donnait les dessins de la décoration architecturale ; Ottin, autre pensionnaire de Rome, s'était chargé de la sculpture.

Bouquet s'occupait activement de l'exécution des tableaux du Salon quand la mort le surprit.

Sur les huit tableaux qui devaient composer la décoration de cette pièce, cinq étaient terminés dans l'atelier, les trois autres en préparation. Ces peintures ne devaient être achevées que sur place. En effet, étant faites sur fond d'or, comme des mosaïques, elles ne pouvaient, à cause des reflets divers que renvoient les feuilles métalliques suivant l'angle d'incidence et le degré d'intensité de la lumière qu'elles reçoivent, être mises à l'effet que sur place. C'est ce qui fait qu'aucune n'a pu être entièrement terminée. Mais, telles qu'elles sont, elles ont un grand aspect, et conçues dans un esprit original, elles lui font grand honneur, à mon sens. Elles existent encore dans l'ancien palais Ungher (le nom de ma femme)[1], autrefois palais Pitti, qui appartient aujourd'hui à sa fille adoptive, Mme Amari, femme de l'illustre historien et homme d'État, M. Michele Amari, sénateur du royaume d'Italie, mon ami[2].

Un portrait en pied de moi, de fort belle allure, est à ma maison de campagne. Celui de ma femme est resté à l'état d'ébauche.

Quant aux peintures terminées qu'a faites Bouquet avant de venir en Italie, je ne puis vous donner aucune indication. J'en ai vu partir un grand nombre ; mais qui sait où le vent les a dispersées ?

J'ai de lui une fort belle esquisse de *Sara la Baigneuse*. Deux ou trois tableautins sont chez moi à Florence, et plusieurs esquisses remarquables de couleur et de sentiment juste d'après les maîtres vénitiens. Mme Amari a de lui à Pise une magnifique copie du triptyque de Jean Bellin qu'on admire à la sacristie des Frari, grandeur de l'original. Bien que j'aie travaillé aussi à cette copie (je n'ai fait que préparer les dessous), je puis dire que cette copie a une véritable valeur. On la prend souvent pour une peinture de l'école et elle pourrait figurer avec honneur dans un musée.

Je ne parle pas des études et croquis qui sont restés entre mes main ; ils n'ont guère d'intérêt que pour moi et pour sa fille.

Bouquet fut aussi un des premiers qui se soient occupés de la question de la chromolithographie. Avec son ami Lessore et l'Anglais Thomas Boys (l'auteur d'une très belle publication de quelques

1. Madame Ungher, célèbre cantatrice italienne.

2. M. Amari, membre correspondant de l'Académie des Inscriptions, vient de mourir au mois de juillet 1889.

monuments de Paris), ils avaient fait quelques essais qui faisaient espérer un résultat plus satisfaisant et plus artistiqne que ceux que d'autres ont obtenus depuis. Il avait fait également des recherches intéressantes sur le daguerréotype et la galvanoplastie alors dans leur nouveauté.

V

Quoique Auguste Bouquet, ainsi qu'on vient de le voir, ait témoigné vers la fin de sa vie de hautes aspirations picturales trop brusquement interrompues par la mort, je ne peux m'empêcher, à travers toutes ses vacillations d'esprit chercheur, de le regarder comme le peintre ordinaire de Deburau, et je suis d'autant plus poussé à lui donner cette qualification, qu'à la mort de Bouquet, on trouva dans ses cartons, en épreuve unique, quatre lithographies représentant le mime dans divers rôles [1].

Bouquet avait sans doute songé à l'éphémère de tout ce qui touche à l'art du théâtre ; il reste, en effet, si peu de chose palpable des comédiens les plus célèbres, que toute image de leurs traits, dessinée par un contemporain, a sa valeur, ne fût-ce qu'à titre de document.

Aussi bien ces images empêchent de rabâcher à propos d'un acteur « qui ne sera pas remplacé ». On les remplace tous, de même que l'herbe tendre du printemps nouveau succède à l'herbe flétrie du printemps passé. Et c'est pourquoi, sans fatiguer les gens par des regrets inutiles sur le comédien disparu, je crois mieux honorer sa mémoire en donnant de brèves indications qui compléteront la reproduction des lithographies inédites de Bouquet.

1. M. François Sabatier m'a expliqué pourquoi ces lithographies n'avaient pas été publiées. « Je crois me rappeler qu'elles ne furent pas mises en vente à la suite d'un refroidissement de relations entre Bouquet et Deburau. »

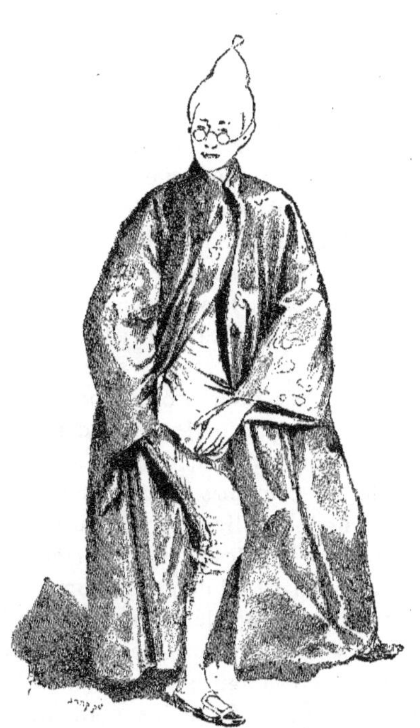

Portrait de Gaspard Deburau.
Dessin de M. Patrice Dillon,
d'après Auguste Bouquet.

Une des pantomimes les plus célèbres de l'ancien répertoire du théâtre des Funambules fut, sans contredit, *le Billet de mille francs*. Sur ce thème, qui devait plaire au peuple (un chiffonnier trouvant un billet de banque dans les détritus, au coin d'une borne), Deburau avait brodé bien des caprices, quoique son geste fût sobre, sa manière simple. Avec une autorité presque égale à celle de Frédérick Lemaître, Deburau s'était revêtu d'un idéal costume de chiffonnier qui pouvait aller de pair avec la défroque de Robert Macaire.

Le mime attribuait de l'importance aux habits des personnages auxquels il donnait la vie momentanément sur les planches. C'était pour ainsi dire le cadre de sa « composition » extérieure, et ces accessoires suffisaient déjà au gros public ; mais l'esprit intérieur qui passait dans la physionomie de Deburau, particulièrement dans ses yeux, était en plus pour quelques spectateurs délicats.

Nos très habiles descripteurs modernes rempliraient certainement une centaine de lignes à décrire minutieusement les diverses loques dans lesquelles se carrait le mime ; je ne m'arrêterai qu'à un détail de physionomie : le coup de poing violent qu'avait reçu le chiffonnier sur l'œil et dont le sang extravasé, formant un « noir » accentué, se détachait brutalement sur la figure émaciée de Deburau.

J'entends les battements de mains enthousiastes du public à « l'entrée » de l'acteur ainsi travesti. Mais combien ils devaient redoubler lors de la trouvaille du billet de mille francs ! De ce motif, Deburau avait fait sa scène de la cassette de *l'Avare ;* car le comédien, qui sans cesse étudiait sur nature, ce qui vaut mieux que dans les classes d'un Conservatoire, apportait en scène une profonde pénétration de ses personnages.

L'admiration des écrivains et des artistes de son temps,

pour le comédien des Funambules, ne s'explique que par des qualités dramatiques tout exceptionnelles et des élans qui jaillissaient de ses caprices.

Un acteur contemporain, le seul qui reste de cette bande de mimes si étroitement attachée à Deburau, veut bien me donner les titres des ouvrages auxquels se rattachent les lithographies d'Auguste Bouquet.

Le Billet de mille francs a fourni deux dessins; par suite des nécessités de la pantomime, le chiffonnier est devenu soldat, un « Jean-Jean » fort emprunté, fort empêtré dans sa capote d'ordonnance, et envoyé plus souvent qu'il ne le désirerait à la salle de police. Tout l'attirail militaire, au point de vue de l'optique de la scène, est très amusant : bonnet de police trop haut, faux-col en cuir trop dur, capote trop large, guêtres de toile trop serrées.

Deburau donna de nombreuses variantes de ce type de « Jean-Jean », ainsi que celui des valets de ferme naïfs, tel que l'a représenté Bouquet pour la pantomime de *la Chaumière des Cévennes.*

Un seul dessin a mis en défaut la mémoire du comédien, qui, tout jeune aide-machiniste au théâtre des Funambules, avait eu l'honneur de figurer dans les pantomimes créées par Deburau.

Le portrait ci-dessus que M. Alexandre Guyon attribue, sans l'affirmer, à la pièce *le Souffre-douleur,* est d'une finesse bien particulière et met en action une bouche et des yeux si fins que le dessin ne saurait être confié qu'à un graveur de la plus grande habileté, qui aurait connu et admiré Deburau.

Pierrot, entrant dans la robe de chambre du vieux marquis son maître et introduisant une main anxieuse dans la poche de sa culotte courte pour en extraire vraisemblablement les louis qui la garnissent, devenait, grâce aux études profondes du mime, un personnage de distinction tout à fait particulier sur les tréteaux de ce théâtre à quatre sous.

Aussi s'explique-t-on le rôle réel qu'à cette époque Mme Sand fit jouer à Deburau dans un dîner diplomatique qu'elle donnait à des personnages de marque.

VI

Ce qu'était Deburau au théâtre, et la rare distinction qu'il apportait dans chacun de ses rôles, ses contemporains l'ont dit; cette même distinction se faisait remarquer à la ville, dans sa personne, et Paul de Musset nous en a laissé un amusant récit[1].

Vers 1833, Mme Sand donnait de gaies soirées dans son appartement. « Jamais je ne vis de compagnie si heureuse, si peu occupée du reste du monde, dit Paul de Musset. On se déguisait à certains jours, pour le plaisir de jouer des rôles. On inventait toutes sortes de divertissements en petit comité, non par crainte de l'ennui; mais, au contraire, par excès de contentement. Un jour, on se mit en tête de donner un dîner esthétique, voire philosophique et politique. Les invités étaient quelques rédacteurs de la *Revue des Deux-Mondes*, entre autres Lerminier, le professeur philosophe. Afin de pouvoir lui offrir un *partner* digne de lui, on engagea Deburau, l'incomparable Pierrot des Funambules. Deburau, dont la figure n'était connue qu'enfarinée et vêtue de blanc, mit pour ce jour-là un habit noir, un jabot à larges tuyaux, une cravate fort empesée,

1. *Biographie d'Alfred de Musset, sa vie et ses œuvres,* par Paul de Musset. In-8°. Paris, 1881.

des escarpins et des gants glacés. Il fut chargé de représenter un membre distingué de la Chambre des Communes d'Angleterre, traversant la France pour se rendre en Autriche avec des instructions extrêmement secrètes de lord Grey.

« Au jour indiqué, les convives arrivèrent au nombre de sept ou huit. Deburau parut quinze minutes après l'heure convenue, comme il sied à un personnage considérable. Il se laissa présenter les invités, répondit aux saluts par une légère inclination de tête et se tint raide comme un piquet devant la cheminée, les mains derrière son dos, renfermé dans un silence plein de morgue.

« Assis à la place d'honneur, l'Anglais n'ouvrait la bouche que pour boire et manger, mais largement. Personne ne reconnut le Pierrot des Funambules. Afin de lui donner beau jeu et de permettre à Lerminier de montrer ses connaissances diplomatiques, on mit la conversation sur la politique. Vainement on nomma Robert Peel, lord Stanley et tout le personnel des hommes d'État de la Grande-Bretagne, le diplomate étranger ne répondait que par monosyllabes. Enfin, quelqu'un vint à prononcer le mot d'*équilibre européen*, l'Anglais étendit la main :

« — Voulez-vous savoir, dit-il, comment je comprends « l'équilibre européen ?

« Le diplomate reprit son assiette, la lança en l'air en lui imprimant un fort mouvement de rotation, puis il la reçut adroitement sur la pointe de son couteau où l'assiette tournant demeura en équilibre.

« — Tel est, poursuivit Deburau, l'emblème de l'équi« libre européen. »

Cette historiette ne montre-t-elle pas quelle distinction se cachait sous le flegme du mime ; aussi un autre artiste s'ingénia-t-il à donner une suite des divers masques et costumes de Deburau dans ses multiples incarnations. On a là presque tout le répertoire des pièces à succès du théâtre des Funambules, une galerie de portraits d'autant plus curieuse qu'à peu d'exceptions près, le livret de ces pantomimes n'a pas été imprimé ou que, lorsqu'il l'a été, la concision du scenario ne laisse qu'une sorte de charpente, quasi semblable, sans les jeux de scène, aux armatures désolées d'un feu d'artifice après qu'il a été tiré.

Dans cette succession de portraits qu'heureusement le dessinateur n'a pas groupés, Deburau apparaît avec toute son ingéniosité, toute sa variété de costumes. Ils offraient un accent de cette réalité outrée que veut le théâtre ; malgré tout, le comédien ne tombait jamais dans la charge ; je ne saurais trop répéter combien le mime avait l'amour de la simplicité, le culte que, dans son âme de grand artiste, il avait voué à la réalité idéalisée.

Ces portraits ne sont point d'un maître, tant s'en faut ; le procédé à l'aide duquel ils ont été reproduits sur pierre est pauvre ; ils ont une qualité supérieure, c'est d'avoir été dessinés par un homme qui ne quittait pas le maître, qui jetait constamment les yeux sur lui, ayant chaque soir l'honneur de figurer à ses côtés ; c'est ainsi qu'aux répétitions, dans les coulisses, à la scène, le Polichinelle Vautier put s'inspirer des jeux de physionomie et des costumes de Deburau, le *rex* et l'*imperator* de ces planches.

Le modeste artiste n'alla pas plus loin que l'extérieur : il n'apporta que sa bonne volonté et le désir de faire connaître aux générations qui devaient lui succéder ce qu'avait été le mime à ses yeux d'ouvrier naïf.

Auguste Bouquet pénétra plus avant dans la mimique de Deburau ; il avait à sa disposition les nombreux moyens qu'offrent l'art, les oppositions d'ombre et de lumière ; aussi la peinture à l'huile, la lithographie, la gravure sur bois lui ont-elles permis d'exposer, dans toute leur finesse et leur réalité, les jeux de physionomie de l'acteur, sa rare simplicité de gestes dont chacun était parlant, malgré le manque d'adjonction de la parole. Ce fut ce qui mérita à Auguste Bouquet le titre de peintre ordinaire de Deburau et ce qui a sauvé son nom de l'oubli.

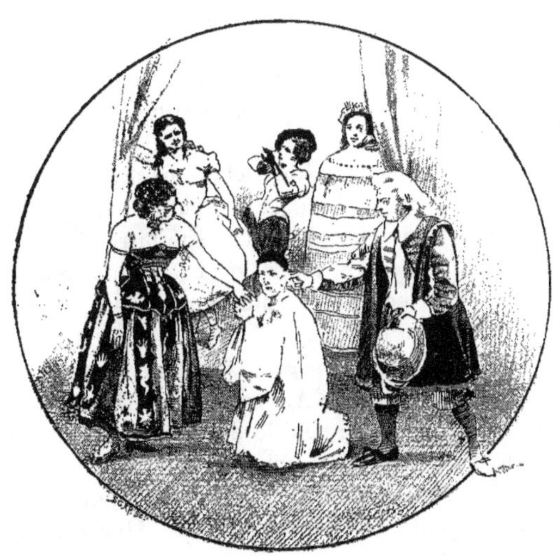

Dénouement d'une pantomime classique du théâtre des Funambules.
Dessin de M. Patrice Dillon, d'après une photographie.

CATALOGUE

DE L'ŒUVRE

D'AUGUSTE BOUQUET

I

LITHOGRAPHIES

[1828?]. *Mazurier,* rôle de Gavottino dans *Une Visite à Bedlam.* Théâtre de la Porte-Saint-Martin. Signé A. Bouquet. Lith. de C. Motte.

1830. *J. M. Cambon.* Lith. Delaunois. Signé.

Portrait à mi-corps d'un jeune homme assis près d'un piano, avec diverses romances sur le pupitre ; l'une porte *Emma* pour titre, l'autre, *Pour lui.* Le compositeur a les doigts sur le clavier. Riche intérieur. Divan, draperies, tableau encadré fastueusement.

[1830]. *La Poire et ses pépins.* La *Caricature journal.* Lith. de Becquet. Chez Aubert. Signé AB.

Grande caricature sur feuille double. H. 0,40, l. 0,30. Il existe des exemplaires coloriés.

1831. *Charles Cavet.* Lith. Delaporte. Signé.

Portrait de jeune homme à mi-corps. Une calotte sur la tête, habillé d'une sorte de blouse, les bras croisés, il est assis près d'une table de travail. Les vers ci-dessous inscrits sur la muraille montrent qu'on a affaire à un poète-ouvrier qui, vraisemblablement, fut mêlé aux insurrections de l'époque :

> J'ai répondu : pourquoi des fêtes... ?
> Un bruit de guerre ou de conquêtes

Circule-t-il dans Paris. . . . .
. . . .
. . . .
. . . . la fête commence
Par un banquet éblouissant !
On y verse des vins de France,
L'an dernier... on versait du sang !!!

Charles Cavet n'a pas laissé un vif renom dans les lettres ; il faut mentionner toutefois l'*Anniversaire, méditation aux tombeaux du Louvre*, publié en 1831, et *la Folle et le Pendu*. Tenré, 5 vol. in-12, publié en 1833.

[1831]. *Cavaignac, Guinard, Trélat.* Lithographiés par Auguste Bouquet. Lith. Fonrouge. A Paris, chez Fonrouge.

Trois portraits groupés. A gauche, Godefroy Cavaignac, de profil ; au milieu, et de face, Guinard, le buste entouré d'un large collet de fourrures ; à droite, Trélat, de profil.

Lithographie très étudiée. Portraits fins.

[1831]. *Pauvre liberté*, etc. Signé AB. *Caricature journal*, n° 61, pl. 124.

Amateurs de liberté. Signé. Lith. de Delaporte. Aubert.

La Débâcle. A. B. lith. Lith. Fonrouge, chez l'éditeur, quai Conti.

Reliques de Juillet. A. B. lith. Lith. Fonrouge, chez l'éditeur, quai Conti.

Un Ami de l'ordre. Signé AB. Lith. Fonrouge, chez l'éditeur, quai Conti.

Elle me résistait, je l'ai assassinée. Signé AB. Lith. Fonrouge, chez l'éditeur, quai Conti.

Louis-Philippe et la liberté.

Tonnerre de D... le petit bonhomme vit encore. Signé AB. Lith. Fonrouge, chez l'éditeur, quai Conti.

Au bord de la mer, Mayeux regarde au loin les murailles d'un château au-dessus duquel est écrit *Holyrood.*

Toi, grenadier, tu vas monter la garde. Aug. Bouquet. Lith. de Fonrouge, chez l'éditeur, rue du Coq.

1832. L'ARTISTE. *A la vue de ce tableau délicieux...* Composition pour *Murillo,* nouvelle par Félix Pyat.

1832. L'ARTISTE. *Morte.* Decamps pinx. Lith. par Bouquet. Tiré du cabinet de M. Jules Janin.

Dans une mansarde, cadavre enveloppé dans un suaire, sur un lit de sangle.

[1832]. *A quatorze millions la poire.* Signé AB. *Caricature journal,* n° 64, pl. 130.

Toujours, toujours du courage... Signé AB. *Caricature journal,* n° 69, pl. 140.

Allons donc !... Signé AB. *Caricature journal,* n° 70, pl. 141.

En vérité, je vous le dis... AB. delin. *Caricature journal,* n° 81, pl. 163.

[1832]. *Père-Scie.* Signé AB. *Caricature journal,* n° 85, pl. 170. Lith. coloriée.

Agonie de la liberté, au jardin des Oliviers. Signé AB. *Caricature journal,* n° 91, pl. 185.

Parodie d'un tableau d'Eugène Delacroix.

Requiescant in pace. Signé AB. *Caricature journal,* n° 3, pl. 230.

C'est ainsi qu'ils iront à l'immortalité. Signé AB. *Charivari .... ?*

Deburau, dans quatre rôles différents de pantomimes, vers 1833. Figures de 0,26 de hauteur.

Ces quatre feuilles ne portent ni indication d'auteur ou d'éditeur, ni aucune légende. « Il est possible que ce soient des pièces uniques qui n'aient pas été publiées », m'écrit M. François Sabatier. J'ai appris depuis qu'une affaire de femme avait brouillé à jamais le peintre et le comédien.

Collection de Mme Amari, fille du peintre, à Florence.

1833. REVUE DES PEINTRES. Pl. 33. Salon de 1833. *L'Abreuvoir.* Decamps pinx., Auguste Bouquet lith.

1833 (?). REVUE DES PEINTRES. Pl. 40. *L'Arménien,* esquisse appartenant à M. Étienne Arago. Decamps pinx., Auguste Bouquet lith.

1833 (novembre). LE CHARIVARI. Série politique, 130. *Ah! petit drôle de prince,* etc. Signé AB.

Louis-Philippe, caché derrière une maison, surprend un de ses enfants crayonnant une poire sur la muraille.

Les journaux satiriques du temps attribuaient cette gaminerie au prince de Joinville.

1833. LE CHARIVARI. *Salon de 1833.* Pêcheur napolitain dansant la Tarentelle, par M. Duret. Aug. Bouquet del.

Lithographie tirée en bistre.

1833. L'ARTISTE. *Une Scène de la Saint-Barthélemy* (Salon de 1833). Robert-Fleury pinx., Auguste Bouquet del. Lith. de Frey.

1833-1834. *Dis donc, beau masque,* etc. Signé AB. *Charivari.*

Grrrand combat des navets de Compiègne. Signé AB. *Charivari.*

Lith. à la plume.

SÉRIE POLIT., 149. *Suppôts de l'amour unanime.* Signé AB. *Charivari.*

Le Troubadour de Syracuse. Signé AB. *Charivari.*

SÉRIE POLITIQUE, 148. *Démolition de paillasses.* Signé AB. *Charivari.*

Tête-à-tête de deux jeunes époux. Signé AB. *Charivari.*

1833. *Voulez-vous aller faire vos ordures...* Signé AB. *Caricature,* n° 115, pl. 238.

Ecce homo! Signé AB. *Caricature*, nº 115, pl. 239.

L'Amour et l'idole des Français. Signé AB. *Caricature*, nº 122, pl. 253.

Le Chianli crotté..... ? Caricature, nº 123, pl. 255.

Les Favoris de la poire. Signé AB. *Caricature*, nº 124, pl. 257.

Le Festin de Balthazar. Signé AB. *Caricature*, nº 126, pl. 261.

M. Thiers. Signé AB. *Caricature*, nº 144, pl. 301.

Grrrrand bouquet à bombes. Signé AB. *Caricature*, nº 144, pl. 302.

Études horizontales. Signé AB. *Caricature*, nº 151, pl. 317.

1833. *Ici repose le dernier des forts...* Signé AB. *Caricature*, nº 152, pl. 312, coloriée.

Il existe des exemplaires coloriés.

Mes Bons Amis... Signé AB. *Caricature*, nº 160, pl. 34.

A quelle sauce la voulez-vous? Signé AB. Nº 162, pl. 339.

Ouverture d'une séance dindonnelle. Signé AB. *Caricature*, nº 164, pl. 347.

Il existe des exemplaires coloriés.

1833. Le Charivari. *L'Enterrement du Titien*, par M. Alex. Lesse. Signé A. Bouquet.

1834. Le Charivari. Une scène de *le Brigand et le Philosophe*, drame en cinq actions, avec prologue, de MM. Félix Pyat et A. Luchet.

(Théâtre de la Porte-Saint-Martin.)

1834. Revue des peintres. Pl. 31. *Le Repas de Pierrot* (dans *le Bœuf enragé*). Tiré du cabinet de M. Étienne Arago. Auguste Bouquet. Lith. Delaunois.

Pierrot, ayant étalé une serviette sur le gazon, y dispose toutes sortes de choses succulentes : pâté, bouteille de vin ; assis, les jambes encadrant la desserte, il a déjà avalé un morceau, lorsqu'un bruit léger dans le parc l'inquiète et interrompt Pierrot dans son travail de savoureuse mastication.

1834. Le Charivari. *Parias*, groupe refusé par le jury de 1834. Signé : « A son ami Préault, Auguste Bouquet. »

[1834]. *Exécution de Désirée-Françoise Liberté.* Signé AB. *Caricature*, n° 188, pl. 394.

Parodie de la *Jane Grey*, de Paul Delaroche, exposée au Salon de 1834.

Navet d'honneur. Signé AB. *Caricature*, n° 207, pl. 432.

[1834]. *La Coquetterie.* Signé Auguste Bouquet. Lith. Delaunois. Paris, Osterwald aîné. H. 0,43, l. 0,32.

Une jeune femme souriante, richement habillée de soie, avec un pardessus doublé de fourrures, assise sur un élégant canapé, tient de la main gauche une mandoline.

Le Cabinet des Estampes de la Bibliothèque nationale possède deux états divers de cette pièce ; la tête de la femme a été refaite entièrement dans l'un des états ; l'une des épreuves est très accentuée de ton ; la touche de l'autre semble plus blonde et plus affaiblie à dessein.

[1834]. *La Mélancolie.* Signé Auguste Bouquet. Lith. Delaunois. Paris, Osterwald aîné. H. 0,43, l. 0,32.

Assise sur un riche canapé, une jeune femme, la figure appuyée sur la main gauche, le coude posant sur un coussin, regarde tristement dans la direction d'une fenêtre.

Ces deux pièces faisant pendants rappellent les scènes féminines d'Achille Devéria ; l'exécution de Bouquet est toutefois moins lâchée.

Vers 1833-1834. *M. J. Deburau.* Tiré du cabinet de

M. J. Janin. Auguste Bouquet. Lith. de Delaunois. H. 0,26, l. 0,20.

Deburau, en costume de Pierrot, est représenté de face, à mi-corps, les bras appuyés sur une balustrade de jardin ; une riche étoffe pend à droite. Au fond, paysage.

Cadre ovale, avec entourage ornementé de masques antiques, de tambourin et de chalumeau.

Cette lithographie, d'après le portrait de Deburau par Bouquet, est reproduite, gravée sur bois, par Cherrier, dans le frontispice du tome Ier du *Deburau,* de Jules Janin.

CHARIVARI. *Misère.* Lithographié d'après une terre cuite de M. Auguste Préault. Non datée. Signé AB. H. 0,18, l. 0,18.

..... LE CHARIVARI. *Souvenir de l'Exposition.* N° 14. *Intérieur d'atelier*, par M. Decamps. Auguste Bouquet lith.

Singe occupé à peindre un paysage.

1833 (?)... REVUE DES PEINTRES. Pl. 32. Fernand Boissard. *Devant de cheminée.* Tiré du cabinet du docteur Cottereau. Auguste Bouquet lith. Lith. Delaunois.

1833 (?)... REVUE DES PEINTRES. Pl. 47. Em. Lessore. Le *Dimanche des Rameaux.* Auguste Bouquet lith. Lith. Delaunois.

183... (?)... *Louisa.* Auguste Bouquet del. Lith. de Fonrouge.

Jeune fille dans un parc. Fond de paysage romantique. Sujet dans la manière de Devéria.

1835. CHARIVARI. E. Lessore. *Mahomet et son chat.* Peint par E. Lessore. Salon de 1835. Auguste Bouquet del. Lith. Delaunois.

1835. L'ARTISTE. Salon de 1835. *Jeux d'enfants.* Robert-Fleury pinx. Auguste Bouquet lith.

1835. L'Artiste. Salon de 1835. *Exorcisme de Charles II.* A. Brune pinx. Auguste Bouquet lith.

1835. L'Artiste. Salon de 1835. *Épisode de la retraite de Moscou.* F. Boissard pinx. Auguste Bouquet lith.

1837 (octobre). L'Artiste. *Los Dansadores.* Lith. par A. Bouquet, d'après une statuette de A. de Chevagneux.

Cette lithographie de danseurs espagnols est entouré d'un cadre ornementé à deux teintes.

II

GRAVURES

1834. Revue des peintres, n° 30. *Le Larmoyeur.* Tableau de M. Scheffer. Salon de 1834, gravé et signé Auguste Bouquet.

Eau-forte pure dont un transport sur pierre fut publié dans *le Musée*, d'Al. Decamps.

1835..... Rembrandt pinx. Bouquet sc. N° 2. Publié par Rittner et Goupil.

Fac-similé d'une eau-forte de Rembrandt.

1836. L'Artiste. *Le Caravansérail.* Decamps pinx. A. Bouquet sculp.

L'Artiste. *L'Ange gardien.* Decaisne pinx. Bouquet sc. [1]

1837 (août). L'Artiste. *Sainte Famille,* de Rembrandt. Bouquet sc. Manière noire.

1. M. Henry Beraldi, dans le 2e fascicule de son important ouvrage, *les Graveurs du XIXe siècle,* cite cette pièce qu'il n'ose attribuer à A. Bouquet; en iconophile exact et qui ne veut pas se laisser prendre sans vert, M. Beraldi, dans une note détaillée du même ouvrage, est revenu sur le compte du peintre ordinaire de Deburau, dont il apprécie l'œuvre à sa juste valeur.

1837 (octobre). L'Artiste. *Tobie*, de Rembrandt, de la galerie d'Arenberg. Bouquet sc.

Manière noire.

[1841]. *Jules Janin.* Auguste Bouquet sc. Rosselin éditeur.

Gravure à la manière noire.
Portrait à mi-corps de Jules Janin assis dans un fauteuil.

III

LITHOGRAPHIES ET GRAVURES D'APRÈS BOUQUET

1837 (septembre). L'Artiste. *Derniers moments de Ganganelli.* Bouquet. Challamel lith. Impr. Lemercier, Bénard et Cie.

Le pape Ganganelli est représenté sur son lit de mort, dans un riche appartement; il lève des bras suppliants vers un personnage en soutane et manteau noirs, qui lui montre sur la poitrine les lettres et symboles de la Compagnie de Jésus.

C'est vraisemblablement d'après une peinture à l'huile ou une aquarelle que Challamel lithographia la composition de Bouquet.

1832..... *L'Élysée-Bourbon.* Paris, Urbain Canel, 1832. In-12.

Cette vignette signée Bouquet, gravée sur bois par Cherrier, représente la grande porte de la façade du palais de l'Élysée-Bourbon, sur lequel flotte le drapeau tricolore. Quoique de menue dimension (5 cent. 1/2 de haut sur 6 cent.), la vignette est spirituellement dessinée.

1832. *Bagatelle, journal de la Littérature, des Beaux-Arts et des Théâtres,* n° 1. 1er septembre 1832.

La vignette-frontispice du premier numéro seulement, signée Bouquet et gravée sur bois par Cherrier, représente la façade du château de Bagatelle.

1833. Une autre vignette de Bouquet (Archiloque,

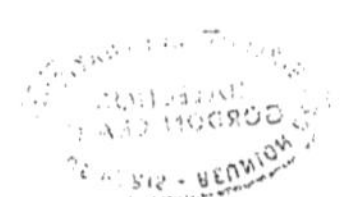

lanière en main), gravée par Cherrier, sert de cul-de-lampe à un article du numéro du 13 juin 1833, page 391 du même journal.

La Revue *Bagatelle* annonce qu'à partir du 1er octobre (1832), *Vert-Vert* donnera à ses abonnés, entre autres nouveautés : *le Tir aux pigeons, exercice nouveau dessiné à Tivoli*, par M. Auguste Bouquet, texte par M. Anténor Joly.

Ce journal, incomplet à la Bibliothèque nationale, ne m'a pas permis de vérifier l'annonce ci-dessus.

1833. *Cirque littéraire et dramatique. Album poétique et théâtral.* Paris, impr. Dupuy, 1833. In-8°. Sur le titre, vignette de Bouquet gravée par Cherrier.

1833. L'ARTISTE. Sans titre. A. Bouquet, d'après Gavarni. Cherrier sc. Scène de bal masqué.

J'ai donné une reproduction de cette jolie gravure dans mon histoire des *Vignettes romantiques,* page 122.

1833. [Jules Janin.] *Deburau. Histoire du Théâtre à quatre sous. Pour faire suite à l'Histoire du Théâtre français.* Paris, chez Gosselin, 1833, 2 vol. in-12.

Frontispice du tome Ier, *Deburau,* dessin de A. Bouquet, gravé par Porret. Pierrot au balcon.

Deuxième volume. Frontispice, *Deburau,* signé Aug. Bouquet del. Cherrier sc.

Portrait de Deburau dans *Pierrot savetier.* Il est occupé à ajuster une semelle à un soulier. Les outils, la chandelle sur son pied grossier, la manique, montrent quel souci des accessoires et de costume avait Deburau, ce qui ne gênait en rien sa fantaisie.

N. B. — *Au dernier moment, j'apprends que l'important portrait de Gaspard Deburau, peint par Bouquet, faisant partie jadis du cabinet de Jules Janin, appartient aujourd'hui à la veuve de Charles Deburau, fils de l'illustre mime.*

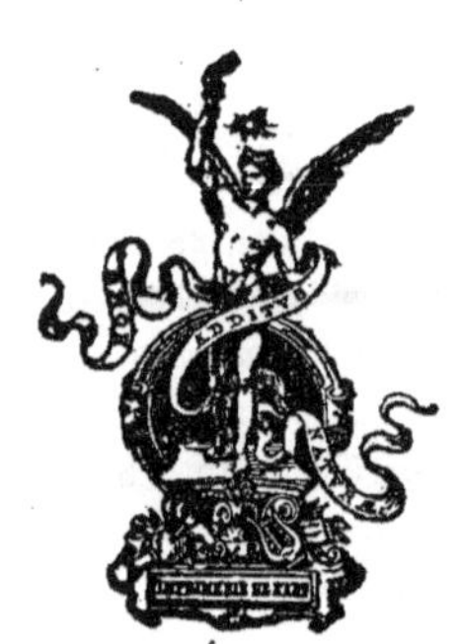

www.ingramcontent.com/pod-product-compliance
Lightning Source LLC
LaVergne TN
LVHW020241230826
846091LV00006B/2208

* 9 7 8 2 0 1 9 9 3 9 9 4 6 *